GUIA "PASSAR DAS IDEIAS À PRÁTICA"

Gerir conflitos com reportes diretos

GUIAS "PASSAR DAS IDEIAS À PRÁTICA"

Todos os guias desta série são dirigidos a gestores e executivos que procuram o desenvolvimento pessoal e dos outros e incluem conselhos específicos sobre como concluir tarefas de desenvolvimento ou resolver problemas de liderança.

PRINCIPAIS COLABORADORES	Barbara Popejoy
	Brenda J. McManigle
AUTORES	Talula Cartwright
	Chris Ernst
	Elinor Johnson
	Daryl Anne Kline
	Davida Sharpe
GUIDEBOOK ADVISORY GROUP	Victoria A. Guthrie
	Cynthia D. McCauley
	Ellen Van Velsor
DIRETOR EDITORIAL	Martin Wilcox
EDITOR	Peter Scisco
AUTOR	Robert Bixby
DESIGN E LAYOUT	Joanne Ferguson
ARTISTAS CONVIDADOS	Laura J. Gibson
	Chris Wilson, 29 & Company

Originalmente publicado em inglês com o título *Managing Conflict with Direct Reports*, Copyright ©2002 Center for Creative Leadership

CCL N.º 00418PT
PRINT ISBN 978-1-60491-930-1
EPDF ISBN 978-1-60491-931-8
EPUB ISBN 978-1-60491-932-5

CENTER FOR CREATIVE LEADERSHIP
WWW.CCL.ORG

GUIA "PASSAR DAS IDEIAS À PRÁTICA"

Gerir conflitos com reportes diretos

Barbara Popejoy e Brenda J. McManigle

Center for
Creative
Leadership

Série de guias "Passar das ideias à prática"

Esta série de guias baseia-se no conhecimento prático que o Center for Creative Leadership (CCL®) tem vindo a gerar ao longo de mais de trinta anos de atividades educativas e de investigação, levadas a cabo em parceria com centenas de milhares de gestores e executivos. Grande parte deste conhecimento é partilhada de forma diferente da que é habitual em departamentos universitários, associações profissionais e empresas de consultoria. O CCL não é apenas um conjunto de especialistas individuais, embora as credenciais dos seus colaboradores sejam notáveis. Trata-se, antes, de uma comunidade com membros que têm certos princípios em comum e que trabalham em conjunto para compreender os desafios da liderança e das organizações atuais com vista a gerar respostas práticas para os superar.

O objetivo da série é dar aos gestores conselhos específicos sobre como realizar tarefas de desenvolvimento ou dar resposta a desafios de liderança. Desta forma, a série permite que o CCL prossiga a sua missão, que consiste em fazer avançar o entendimento, a prática e o desenvolvimento de competências de liderança em benefício da sociedade à escala mundial. Acreditamos que considerará os Guias "Passar das Ideias à Prática" um importante reforço do seu arsenal de liderança.

Índice

Sumário executivo

Quando as pessoas trabalham juntas os conflitos são inevitáveis, constituindo um dos desafios mais difíceis enfrentados pelos gestores. Contudo, este é um desafio que os líderes bem-sucedidos aprendem a enfrentar. Os gestores que compreendem a diferença sem julgar os outros e que estão dispostos a aceitar mais do que uma perspetiva ou solução encontram-se em boa posição para gerir os conflitos com os seus reportes diretos.

Os conflitos entre os gestores e os reportes diretos relevam a existência de uma relação de poder, afetando o próprio trabalho: as tarefas cuja responsabilidade é partilhada pelos gestores e reportes diretos. Os gestores que procuram ver ambos os lados do conflito conseguem resolvê-lo, mas isso significa avaliar as diferenças entre si e os seus reportes diretos e descobrir como tais diferenças afetam o conflito.

Após a avaliação de tais diferenças, os gestores podem conceber um plano a seguir antes, durante e após uma sessão de resolução de conflitos. Estarão mais bem preparados para compreender as emoções que podem despoletar conflitos, para clarificar as expetativas de desempenho de modo a que os seus reportes diretos saibam o que é esperado deles e para dar feedback contínuo, com o intuito de apoiar e promover o desenvolvimento de competências dos seus reportes diretos.

Conflitos e resolução

Os conflitos ocorrem quando as pessoas têm ou expressam valores, interesses, objetivos, orientações, princípios ou sentimentos contrários. A resolução de conflitos em quaisquer circunstâncias pode ser extremamente difícil devido a tais diferenças. Mas todos concordamos num ponto – os gestores apontam, constantemente, a capacidade de lidar de forma eficaz com os conflitos como uma das competências essenciais de liderança.

A pesquisa realizada pelo Center for Creative Leadership (CCL) ao longo de várias décadas sobre problemas a nível executivo dos gestores europeus e norte-americanos revela que os problemas com a gestão das relações interpessoais (incluindo a incapacidade de gerir conflitos) são a principal causa do insucesso das carreiras de gestão. Os líderes bem-sucedidos compreendem que a gestão de conflitos é uma parte essencial para manter relações interpessoais eficazes, mas isso não significa que seja fácil. As alterações demográficas, uma força de trabalho

---

Gestão de conflitos
A competência mais procurada

No programa Foundations of Leadership (Bases da Liderança) do CCL, os participantes indicam de forma consistente que a capacidade de gerir conflitos é uma das competências mais necessárias e aplicáveis à sua liderança. Em resposta a um inquérito de avaliação (utilizando o instrumento de avaliação múltipla SKILLSCOPE®) que perguntava que área de competências mais precisavam de desenvolver, mais de 1100 gestores classificaram *confronta os outros de forma habilidosa e* competente na gestão de conflitos como números 2 e 3, respetivamente (evita dispersar--se demasiado foi o número 1). Os mais de 6800 chefes, pares e reportes diretos que responderam ao mesmo instrumento classificaram *competente na gestão de conflitos* e *confronta os outros de forma habilidosa* como números 1 e 2, respetivamente. Evita dispersar-se demasiado foi o número 3.

---

multicultural, mudanças turbulentas na economia e política globais, novas formas de relacionamento entre as organizações e os seus colaboradores e outras influências podem condicionar os tipos de conflitos que existem nas organizações e consequentemente determinam as estratégias a seguir para a sua gestão.

A gestão e a liderança, nestes tempos conturbados, exigem que compreenda múltiplas perspetivas, que esteja preparado para reformular o seu ponto de vista e para lidar com exigências pessoais incompatíveis entre elas, entre si e os outros e na sua organização. Uma estratégia bem-sucedida de gestão de conflitos passa inevitavelmente pela compreensão da diferença e pela vontade de conhecer o ponto de vista de ambos os lados do conflito. Tal estratégia ajudá-lo-á a lidar com um dos aspetos mais exigentes da liderança de outras pessoas.

Os conflitos com reportes diretos são um caso especial

Os conflitos laborais podem surgir por muitos motivos diferentes, entre si e a chefia direta, com os seus pares e entre si e os seus reportes diretos — de forma resumida, entre duas ou mais pessoas que possam não partilhar a mesma visão, personalidade, táticas ou cultura. Mas os conflitos entre si e os seus reportes diretos constituem um caso especial que coloca em destaque duas áreas particulares. Em primeiro lugar, colocam em jogo as relações laborais entre si e os seus reportes diretos, afetando a forma como tais relações são criadas, mantidas e geridas para atingir resultados. Em segundo lugar, afetam o próprio trabalho-a gestão de tarefas e as estratégias para atingir os objetivos cuja responsabilidade é partilhada entre si e os seus reportes diretos. Em ambos os casos, é importante para si conhecer o ponto de vista de ambos os lados do conflito.

Gestão de relacionamentos

Os meios de comunicação empresarial dão particular ênfase à capacitação dos funcionários, organizações planas e novas formas de fazer negócios em rede, mas os principais relacionamentos organizacionais continuam a ser entre os gestores e os seus reportes diretos. Os novos gestores, impulsionados pelo sucesso dos resultados obtidos fruto dos seus próprios méritos, sentem, muitas vezes, dificuldade em transitar do papel de contribuinte individual para um papel em que devem chefiar outras pessoas para alcançar tais resultados. Poderá demorar algum tempo até conseguir encontrar o equilíbrio entre as competências técnicas que os levaram a aceder a um cargo de liderança com as competências interpessoais que tal cargo exige.

O relacionamento entre gestores e reportes diretos é um dos poucos relacionamentos em que a relação hierárquica está claramente em ação nas organizações, devendo sempre ter em consideração as dinâmicas de tal relação durante uma situação de conflito. Ao procurar conhecer ambos os lados de um conflito, questione-se se quer ou precisa que os seus reportes diretos demonstrem determinado grau de obediência (para cumprir os requisitos básicos da tarefa), ou se precisa do respetivo *commitment* (mostrando vontade de ultrapassar os requisitos básicos) para atingir os resultados pretendidos pela organização. Em organizações que dependam de uma ordem hierárquica, a obediência dos reportes diretos é, muitas vezes, tudo aquilo que um gestor espera e de que precisa. As organizações mais modernas e que funcionam em rede exigem muitas vezes um *commitment* para além da obediência, pois, de outra forma, é praticamente impossível executar tarefas que não as mais básicas e de curto prazo.

Gestão do trabalho

Os conflitos podem surgir quando os seus reportes diretos têm um desempenho inferior às suas expetativas ou têm dificuldades em adaptar-se a tarefas com que não estejam familiarizados. Muitos gestores pensam, erradamente, que um reporte direto que seja excelente a executar muitas tarefas, é capaz de executar toda e qualquer tarefa. O reverso da moeda é a ideia de que um reporte direto que não consegue executar corretamente algumas tarefas, será incapaz de executar qualquer tarefa. Os gestores caraterizados por tal perspetiva têm tendência a fazer uma microgestão e resistem em delegar responsabilidades. Normalmente, estes gestores delegam uma tarefa, mas se o resultado não corresponder às suas expetativas, assumem a responsabilidade pela execução da tarefa e fazem eles próprios. Em resultado, estes gestores acumulam mais trabalho e perdem a confiança nas capacidades do seu reporte direto. O reporte direto pelo seu lado fica desencorajado e pode perder confiança e, consequentemente, ter um desempenho abaixo das expetativas.

Para evitar o surgimento de conflitos neste tipo de situações, é importante que o líder seja muito claro quanto às suas expetativas e aos resultados que pretende. Ao mesmo tempo, seja suficientemente flexível para permitir que os seus reportes diretos tenham alguma margem na forma de atingirem esses resultados. Tente ver a tarefa do ponto de vista do seu reporte direto e valorizar a estratégia escolhida para a execução do trabalho. Poderá não corresponder à forma como o executaria, mas se os resultados corresponderem às suas expetativas, reconheça o esforço em vez de gerir o trabalho lugar deles, o que poderá ser o início de um conflito.

Um processo de gestão de conflitos

Apesar dos seus melhores esforços para gerir os relacionamentos com os seus reportes diretos e para delegar as responsabilidades laborais de uma forma que promova o desenvolvimento de competências e fomente a confiança, é natural que surjam conflitos. Sem uma estratégia clara para lidar com estes conflitos, as relações laborais com os seus reportes diretos serão prejudicadas, o que tornará mais difícil que o seu departamento atinja o desempenho ideal.

Chamado à atenção

Pode seguir alguns passos simples para tornar a sua liderança mais eficaz e minimizar as probabilidades de surgimento de conflitos ao delegar responsabilidades em reportes diretos.

Em primeiro lugar, defina o que é preciso fazer, como deverá ser feito, quando precisa de ser feito e com quem deverão trabalhar para atingir o resultado. Enquanto os seus reportes diretos aprendem a tarefa, forneça com frequência feedback sobre o respetivo desempenho. Será útil que acrescente algum contexto: a importância da tarefa e a forma como se insere no trabalho da organização.

Quando os seus reportes diretos conhecerem bem a tarefa, estará na hora de a delegar totalmente. Consulte-os primeiro: poderão continuar a ter receio de assumir a tarefa sozinhos. Tenha o cuidado de não confundir a prudência com falta de vontade ou de conhecimentos. Permita que os seus reportes diretos controlem a forma como a tarefa deverá ser executada. Certifique-se de que compreende os respetivos pontos de vista sobre o trabalho e a forma como planeiam executá-lo.

Quando os seus reportes diretos estiverem totalmente confiantes quanto à execução do trabalho, afaste-se. A partir desse momento poderão não precisar de muito feedback, para além do reconhecimento e apreciação. Ao executarem as tarefas atribuídas de uma forma eficaz e que faça sentido para eles, os seus reportes diretos sentem-se motivação e satisfação interna.

O CCL recomenda um processo de gestão de conflitos entre os gestores e os reportes diretos com provas dadas na prossecução de resultados, enquanto ajuda a manter o desempenho e os relacionamentos laborais. Este processo de quatro pontos inclui o reconhecimento de ambos os lados do conflito, a preparação para a resolução do mesmo, a gestão de uma sessão de resolução de conflitos e a reflexão sobre a situação e respetiva solução, visando tirar ilações que poderá por em prática em futuras situações de conflito.

Ponto 1 — Reconhecimento de ambos os lados do conflito

O conflito é uma consequência natural e inevitável do trabalho porque as pessoas possuem diferentes visões, valores e formas de obter resultados. Ao gerir os seus relacionamentos com reportes diretos e o trabalho que a organização solicitou ao seu grupo, a identificação de tais diferenças pode ter um papel vital na resolução dos conflitos com os seus reportes diretos, ou até para os prevenir. Poderá começar com uma avaliação honesta de si próprio enquanto gestor. Quando surgirem conflitos, reconheça a sua contribuição para os mesmos. Não presuma que o seu reporte direto, as condições atuais do negócio ou a cultura organizacional estão na origem do conflito.

Para obter uma imagem clara da sua possível contribuição para o conflito, deverá avaliar de forma aprofundada o seu papel enquanto gestor e a forma como os seus reportes diretos lhe respondem. Existem muitas ferramentas disponíveis para o ajudar a obter uma imagem mais clara sobre si próprio. Por exemplo, a avaliação 360° formal reúne o feedback da chefia direta, pares e reportes diretos relativamente ao seu desempenho e comportamento. Comparando essas respostas com as suas, verá até que ponto a visão que tem de si próprio corresponde à forma como os outros veem o seu comportamento e perspetivas. Outra opção é filmar-se durante as reuniões. Mais tarde, observe as suas reações e as das outras pessoas. Se não se sentir à vontade para utilizar vídeo ou se as circunstâncias dificultarem a sua utilização, peça a um colega para o observar e dar feedback com regularidade.

Embora, de forma realista, só possa assumir responsabilidade pessoal pela sua própria contribuição para uma situação de conflito, será útil se puder avaliar o papel que o seu reporte direto desempenha na situação. Ao observar o comportamento do seu reporte direto (e fornecer feedback sobre o mesmo) relativamente ao conflito, poderá identificar e clarificar melhor as fronteiras entre si e ele.

Na página 14 encontra uma avaliação simples que poderá utilizar para identificar conflitos resultantes das diferenças que possam existir entre si e os seus reportes diretos. Para otimizar os resultados, cada um deverá preencher uma cópia do formulário.

Tenha em atenção que não se trata de uma ferramenta de avaliação, mas apenas de uma forma de incentivar o debate sobre as diferenças que podem dar origem aos conflitos. Reserve algum tempo para partilhar as suas respostas com os seus reportes diretos individuais e com todo o grupo (poderão aprender algo uns sobre os outros que possa mitigar os potenciais conflitos entre si). Quando se sentarem para falar, compare as suas respostas e utilize os pontos de divergência para debater e clarificar as funções e expetativas.

Ao reconhecer ambos os lados de um conflito, torna-se útil analisar as experiências passadas de conflitos com reportes diretos. Ao analisar as circunstâncias dessas situações anteriores, utilize as afirmações seguintes para procurar padrões do seu comportamento (ou do comportamento do seu reporte direto) que possam afetar o conflito de forma negativa ou positiva. Tenha em atenção que estas afirmações poderão aplicar-se a ambos os lados de um conflito. Tome nota de competências específicas que queira desenvolver para melhorar a sua eficácia na resolução de conflitos com as pessoas que lidera. Debata tais ações com um colega que possa fornecer feedback sobre os seus esforços e progresso.

Objetivos claros e uma comunicação eficaz evitam conflitos. É importante que torne os seus objetivos claros para os seus reportes diretos e que não passe à ação nem atribua tarefas sem decidir e comunicar primeiro os objetivos. Certifique-se de que compreendem exatamente quais são as suas tarefas, quais são os objetivos finais e como irá avaliar o sucesso. Solicite que descrevam o que perceberam. Muitos problemas de desempenho na origem de conflitos entre os gestores e os seus reportes diretos advêm da falta de compreensão sobre as expetativas de desempenho, pelo que é importante que ambos os lados compreendam o trabalho que está em causa.

Considere outras soluções que não a sua para atingir os resultados. Há muitas formas de corrigir um problema ou executar uma tarefa. Ninguém consegue saber todas as estratégias. Seja flexível e pense para lá da sua perspetiva. Veja o mundo pelos olhos dos seus reportes diretos e tente compreender os respetivos pontos

Lidar com a diferença: Uma exploração

Preencha o círculo que indica como se identifica no intervalo entre estas respostas emparelhadas.

No meu trabalho vejo-me como

um membro da equipa.   uma pessoa individual.

O   O   O   O   O   O   O

Na prossecução de objetivos, tenho tendência a utilizar

táticas diretas e eficientes.   persuasão e influência.

O   O   O   O   O   O   O

Nesta organização, os supervisores e os colaboradores

são parceiros iguais a nível do trabalho.   têm diferentes níveis de autoridade sobre o trabalho.

O   O   O   O   O   O   O

Ao enfrentar objetivos, estratégias e desafios em mudança, eu

sinto-me desconfortável com as alterações.   aguardo as alterações com expetativa e
                                                                                    adapto-me.

O   O   O   O   O   O   O

Quando tenho de adquirir novas competências, eu

gosto de me envolver em experiências pouco   prefiro aprender as bases de
familiares e nova competência em termos práticos.   uma com um especialista.

O   O   O   O   O   O   O

Durante o trabalho e longe deste

sinto que não tenho tempo suficiente para
executar as minhas tarefas ou aprecio   não me preocupo muito com os
todos os meus objetivos e interesses.   prazos porque não controlo o tempo.

O   O   O   O   O   O   O

Em situações sociais gosto de

integrar o grupo mais ativo.   participar em conversas mais restritas e observar os outros.

O   O   O   O   O   O   O

de vista. Não solicite input se já tiver tomado uma decisão, pois os seus reportes diretos considerarão que é pouco sincero, o que terá consequências negativas para a confiança no seu relacionamento com eles. Se já estiver a pensar numa solução, guarde-a para si até que o problema tenha sido debatido ou partilhe-a como parte de um processo de tomada de decisão em grupo.

É possível fazer o trabalho com mais do que um estilo de liderança. A tarefa em questão, a resposta dos seus reportes diretos, o clima organizacional — todos estes aspetos poderão influenciar a sua liderança em diferentes situações. Algumas pessoas não respondem bem a estilos de gestão exigentes, em que os níveis elevados de ansiedade prejudicam o seu desempenho. Outras pessoas interpretam uma estratégia suave como sinal de que não está a falar a sério e de que a tarefa que lhes atribuiu não é importante para a organização. Procure divergências entre o seu estilo de gestão e o estilo de trabalho dos seus reportes diretos. Concentre-se nos resultados pretendidos em vez da forma como as tarefas são executadas.

Os *triggers* emocionais podem provocar comportamentos que gerem conflitos. Quase todos possuímos áreas vulneráveis na nossa mente que desencadeiam respostas automáticas e pouco produtivas (reações automáticas). Tente identificar as suas. Preste atenção a sinais físicos como o aumento da temperatura corporal, falta de ar ou aceleração do ritmo cardíaco. Existem muitas técnicas, como respirar fundo, para controlar estas reações, permitindo-lhe manter o controlo das suas emoções.

A resolução de conflitos é diferente da negociação. A crença de que ambos os lados de um conflito deverão prescindir de alguma coisa de modo a atingir um compromisso poderá levá-lo a pensar que está a perder. Isso poderá fazer com que sinta que é fraco, levando-o a reagir a um *trigger* emocional de uma forma que se limite a exacerbar o conflito. Ou poderá levá-lo a querer ganhar a qualquer custo, o que torna a dinâmica de poder na força dominante no relacionamento com os seus reportes diretos.

O aspeto dos conflitos

Terry é o seu mais recente reporte direto. Ele atribuiu-se as melhores classificações possíveis na autoavaliação semestral do desempenho. Está especialmente preocupado com as elevadas classificações na execução dos deveres básicos do seu cargo. As impressões de Terry não correspondem às suas perceções. Na verdade, pensa que o seu desempenho mal satisfez as expetativas. Terry não cumpre os prazos e, muitas vezes, o seu trabalho contém erros que têm de ser corrigidos pelos outros.

- Foi claro ao comunicar as suas expetativas e objetivos?

- Terry possui as competências necessárias para atingir os resultados que espera dele?

- Forneceu feedback frequente e atempado a Terry sobre o seu comportamento e desempenho?

Ambos os lados de um conflito têm sentimentos sobre a situação. Os sentimentos, juntamente com as crenças e atitudes, influenciam o comportamento. Tente encarar as circunstâncias com objetividade. Imagine por um momento que é outra pessoa, um estranho sem interesse na questão, e tente reagir à situação em vez de ao reporte direto com quem tem um conflito. Da mesma forma, muitas vezes pode influenciar o comportamento dos seus reportes diretos de modo a mitigar uma situação conflituosa, levando em consideração os respetivos sentimentos.

As diferenças tornam as organizações mais fortes e criativas. Pessoas diferentes de si acrescentam talentos e perspetivas valiosos que de outra forma não possuiria. Não permita que as diferenças de género, religião, raça, idade, cultura ou etnia afetem a sua visão do comportamento, desempenho ou atitude dos seus reportes diretos. Promova o conforto e a compreensão, conhecendo os seus reportes diretos a nível pessoal. Poderá descobrir que partilham experiências, esperanças e perspetivas comuns.

Gerir conflitos com reportes diretos

Conflitos entre os seus reportes diretos comprometem a força e a criatividade. Nem sempre os seus reportes diretos resolverão os conflitos entre si. Defina atempadamente limites, expetativas e diretrizes para o seu grupo de trabalho. Atue rapidamente para resolver situações conflituosas antes que possam afetar de forma negativa o desempenho do grupo. Se tiver um reporte direto que atue propositadamente de forma negativa ou resista ao trabalho do grupo e a resposta ao seu feedback continuar a não ser satisfatória, poderão existir questões pessoais subjacentes ao conflito. Tal situação poderá exigir ajuda profissional que não esteja qualificado para fornecer. Se suspeitar deste tipo de situação, contacte os profissionais de Recursos Humanos da sua organização.

Todas as decisões têm interesses e decisores contraditórios. Todas as decisões exigem concessões ou têm consequências. Aprenda a avaliar e atribuir prioridades de importância a curto e longo prazo. Comunique tais prioridades de forma clara aos seus reportes diretos e efetue o seguimento de modo a garantir que são compreendidas. Tenha também em atenção que, muitas vezes, os grupos tomam as melhores decisões porque o processo de grupo aumenta o *commitment* para com a decisão. Ajude os seus reportes diretos a desenvolverem competências de análise, incluindo-os na tomada de decisão. Se for mentor ou estiver a avaliar um reporte direto para uma possível promoção, atribua a essa pessoa a tarefa de tomar algumas decisões. Comece pelas mais simples e prossiga para desafios mais significativos.

Apoie os seus reportes diretos em épocas de mudança. O medo e a sensação de perda desempenham um papel importante na resistência à mudança. Efetue a gestão da resistência fornecendo apoio durante os períodos de transição. Escute e reconheça os sentimentos. Forneça toda a informação que puder e, sem efetuar promessas vãs, transmita segurança aos seus reportes diretos. Aborde as questões organizacionais e ambientais específicas, como a falta de recursos e de oportunidades de promoção, ameaças de despedimento e sentimentos de tratamento injusto, que possam afetar os seus reportes diretos. Muitas vezes, na base destas questões está a falta de informação. Se o problema estiver relacionado com os sistemas organizacionais, como no caso de um desalinhamento entre o sistema de incentivos e os objetivos da organização, debata esse desalinhamento com a chefia direta. Se o problema estiver relacionado com o ambiente (nova concorrência ou uma alteração das condições políticas), aborde essas alterações com os seus reportes diretos, procurando formas de se adaptarem em equipa a tais alterações.

Os melhores destacar-se-ão — com ajuda. Não fale nem se comporte de formas que façam os seus reportes diretos sentir-se estúpidos ou desvalorizados. Reconheça publicamente os bons resultados; comunique de forma privada se as suas expetativas não forem atingidas. Ensine e encoraje os seus reportes diretos a pensarem por si próprios. Não é justo esperar que executem tarefas para as quais não tenham competência. Se as respetivas competências não corresponderem às exigências da tarefa, organize o trabalho de modo a incorporar as necessárias experiências de desenvolvimento. Forneça formação, mentoria e coaching. Se nenhum dos seus reportes diretos estiver preparado para a tarefa em questão, execute-a pessoalmente e envolva-os para fornecer apoio até que se sintam familiarizados, confortáveis e suficientemente preparados para acumularem esse trabalho.

Efetue a gestão dos pontos fortes. Utilizar os seus pontos fortes até à exaustão pode tornar-se numa fraqueza. Muitos gestores falham porque aplicam os comportamentos e talentos que ocorrem com facilidade e naturalidade em todas as circunstâncias, sem desenvolverem novas competências e capacidades. Uma parte das suas tarefas de liderança é *gerir o trabalho* dos seus reportes diretos, e não fazer esse trabalho. Seja flexível, utilizando estratégias sugeridas pelos seus reportes diretos para a resolução de problemas ou para atingir resultados e, se forem bem-sucedidas, inclua-as no seu próprio arsenal.

② Preparação para uma sessão de resolução de conflitos

Ponto

Um segundo elemento importante na resolução de um conflito entre si e um reporte direto é a preparação de uma estratégia para a gestão da situação. Antes de organizar a reunião, considere utilizar o seguinte modelo de ação.

Plano da interação. Identifique e descreva o conflito. Anote os principais pontos, possíveis resoluções e potenciais consequências. Concentre-se nos comportamentos. Limite-se ao que observou e evite as perceções, insinuações, rumores, julgamentos das motivações ou análises de intenções.

Descreva a situação conflituosa e considere como poderá evoluir. Questione-se

- Quais são as potenciais consequências?
- Quais são os potenciais resultados?
- Esta interação constituirá uma solução de curto prazo ou contribuirá para o desenvolvimento de competências deste reporte direto?

O seu reporte direto poderá nem sempre encarar uma sessão de resolução de conflitos com entusiasmo. Antecipe e prepare--se para uma resposta negativa. Poderá ajudar a melhorar a situação concentrando as suas observações no comportamento do seu reporte direto e no respetivo impacto no desempenho do grupo. Não se perca em julgamentos nem deduza motivações do comportamento do seu reporte direto.

Escolha o palco. Uma sessão de resolução de conflitos pode assumir um caráter formal, convocando uma reunião para debater a questão, ou um caráter informal, dirigindo-se à secretária do seu reporte direto para uma breve conversa. Pode abordar o seu reporte direto num contexto social (por exemplo à hora do almoço, o que permite que ambos se afastem do escritório e das respetivas distrações e se possam concentrar no diálogo). Ou pode solicitar um "intervalo" durante um debate acalorado. O mais importante é a intenção de resolver as dificuldades, focando-se no seu relacionamento com o seu reporte direto e na sua responsabilidade de gerir a tarefa. Escolha o local com base no que for mais apropriado para o conflito. Levar a cabo um debate sério sobre o desempenho à hora do almoço poderá indicar que o problema não é assim tão grave.

Quando finalmente se reunir com o seu reporte direto, algumas diretrizes ajudá-lo-ão a focar a conversa na resolução do conflito, evitando cair na armadilha das acusações ou justificações. Consulte estas diretrizes simples antes de se reunir com o seu reporte direto, de modo a tê-las presentes nessa altura.

Visualize a sessão de resolução de conflitos. Poderá tomar algumas notas, assinalar os pontos essenciais ou até escrever um guião do que pretende dizer e das respostas que antecipa do seu reporte direto. Naturalmente, durante a conversa não lerá o seu guião, mas a elaboração do mesmo permite-lhe imaginar possíveis caminhos para chegar a um resultado bem-sucedido. Poderá ensaiar mentalmente a forma de comunicação dos pontos chave que pretende transmitir, de modo a organizar o seu tempo e os seus pensamentos e não desperdiçar esta valiosa conversa com detalhes que não permitam mitigar o conflito.

Estabeleça um ambiente orientado para a procura de uma solução. O primeiro passo é o estabelecimento de um sentimento de confiança, de modo a que a sua conversa possa ser honesta e eficaz. Reconheça potenciais fontes de conflito resultantes das diferenças (de valores, antecedentes culturais, estilos, perspetivas, preferências de aprendizagem, etc.). Tente colocar-se no lugar da outra pessoa. Demonstre empatia.

Transmita respeito e comunique de forma respeitosa. Esteja consciente do seu próprio comportamento e estilo de liderança. Pense no que seria estar do outro lado, tendo-se a si como gestor. Pense em como gostaria de ser percecionado quando o conflito estiver resolvido, uma vez que isso terá impacto na confiança que faz parte das suas relações laborais.

O aspeto dos conflitos

Recentemente foi promovido a um cargo de gestão noutro departamento da sua organização. Teve dificuldade em aceitar porque estava muito satisfeito com o seu cargo anterior, mas esta oportunidade de liderança parecia um trabalho de sonho. Stacy, uma colaboradora de longa data da organização e líder de design do grupo que passou a liderar, conta-lhe que a anterior liderança lhe tinha prometido o seu cargo. Ela está perturbada e conta que recusou outro cargo de liderança porque lhe garantiram que este cargo "era dela".

- Qual é a sua motivação para resolver este conflito?
- Que solução poderá sugerir que ofereça a Stacy uma oportunidade de se preparar para a liderança?
- Que solução tem Stacy para este conflito?
- O que dirá aos membros do grupo que esperavam que fosse ela a líder?

Obtenha os factos e evite julgar o outro lado. Considere o ponto de vista da outra pessoa. Permita que todas as perspetivas sejam analisadas de forma justa e desapaixonada. Faça perguntas para poder conhecer todas as circunstâncias. Certifique-se de que dispõe das informações de que precisa para trabalhar para uma resolução.

Ponto 3 — Durante a sessão de resolução de conflitos

Após rever os itens acima mencionados na preparação do debate, estará pronto para orientar uma sessão individual de resolução de conflitos. As diretrizes seguintes poderão ajudá-lo a orientar uma sessão que dê a ambos os lados boas hipóteses de chegar a uma solução.

Estabeleça um clima mútuo de resolução de problemas. Indique o seu desejo de procurar um resultado mutuamente satisfatório, que seja o melhor possível para ambos os lados e para a organização.

Defina o problema do seu ponto de vista. Ao definir o problema, descreva a situação de forma precisa (quem, o quê, onde, quando), os comportamentos apresentados e o impacto desses comportamentos nos outros e nas decisões, processos e resultados.

Solicite ao seu reporte direto que defina o problema do ponto de vista dele. Estabeleça os pontos de entendimento em comum. Identifique os assuntos em que concordam e discordam. Se isso ajudar a identificar o problema, utilize analogias, metáforas ou imagens. Esta estratégia dilui a possível sensação de acusação pessoal, estabelecendo algumas possibilidades criativas.

Identifique e avalie potenciais soluções. Não tenha medo de adotar soluções invulgares ou criativas apresentadas por qualquer dos lados. Lembre-se de que as soluções desenvolvidas em conjunto podem ser melhores do que as concebidas individualmente. Solicite

---

O aspeto dos conflitos

Supervisiona um grupo de representantes comerciais no terreno. Os resultados do último trimestre foram espetaculares e muitos dos representantes receberam pacotes de bónus, incluindo uma viagem ao Havai. O grupo celebra após o anúncio dos bónus e o ânimo é extremamente alto. Mas enquanto gestor do grupo, é responsável pelos detalhes. Ao analisar os números nota uma discrepância nas informações fornecidas por um dos seus reportes diretos. Poderá ser um erro inocente ou apenas falta de comunicação, ou até um simples erro de cálculo. Antes de enfrentar o que poderá tornar-se num conflito volátil, sabe que terá de suspender o julgamento até se encontrar na posse de todos os factos.

Choque de culturas?

O género, a raça, a religião, a idade, a cultura e a etnia constituem diferenças chave entre as pessoas. Os gestores atuais enfrentam diariamente estas diferenças. É importante que as reconheça e que aceite o eventual desconforto resultante da liderança de pessoas diferentes de si. As diferenças culturais de que deverá ter consciência incluem

- origens e expressões de identidade
- origens e expressões de autoridade
- meios e objetivos de realização
- respostas à incerteza e à mudança
- meios de aquisição de conhecimentos
- perspetiva temporal
- respostas ao ambiente natural e social.

informações ao seu reporte direto, escute, desenvolva as ideias e sintetize. Em conjunto, escolham uma solução que ambos aceitem e que aponte para uma resolução.

Desenvolva um plano de ação de implementação. Defina os comportamentos e resultados que espera ver por parte do seu reporte direto. Certifique-se de que este compreende exatamente o que espera dele. Descubra a forma como ele encara o trabalho no futuro.

Planeie reuniões de acompanhamento para acompanhar o progresso. Planifique algumas sessões formais de feedback e algumas conversas gerais para ajudar o seu reporte direto a manter--se focado e para gerir o conflito, de modo a avançar no sentido de uma resolução positiva.

4 Ponto ### Após a sessão de resolução de conflitos

Reserve algum tempo para refletir no que aprendeu com o debate. Tal como em qualquer situação de liderança, tornar-se-á melhor na resolução de conflitos conforme obtiver experiência e se sentir mais confortável ao lidar com os aspetos emocionais, políticos e pessoais dos conflitos.

Utilize as perguntas da página seguinte como uma orientação de autoajuda para a sua mais recente sessão de resolução de conflitos e sempre que participar numa situação semelhante. Reserve alguns minutos para escrever respostas sucintas. Consulte estas notas antes da sua próxima sessão para que se possa recordar das experiências passadas e aprender com elas.

Gerir conflitos para o sucesso e desenvolvimento de competências

Atualmente, os líderes de todos os níveis organizacionais enfrentam muitas fontes de conflito. Por exemplo, a tendência crescente para as organizações dependerem de equipas geograficamente dispersas (grupos cujos membros se encontram separados pelo tempo e pela distância) cria desafios especiais de relacionamento para os gestores, especialmente no que respeita à liderança de reportes diretos. Tais desafios globais encontram-se relacionados com múltiplos fatores, desde as simples diferenças de fusos horários até às mais significativas diferenças culturais (que afetam desde os hábitos de trabalho até às formas de comunicação), podendo facilmente gerar tensões.

Outra área de potencial conflito reside no contexto do contrato organizacional contemporâneo, que foi criado num clima de despedimentos, rápidas mudanças tecnológicas e de aumento da mobilidade dos trabalhadores. Os conflitos também podem surgir das prioridades conflituantes em casa e no trabalho, para si e para os seus reportes diretos.

Experiência de resolução de conflitos

O que voltaria a fazer?

O que faria de outra forma?

Como será percecionado após esta sessão de gestão de conflitos?

Em resultado da mesma, as pessoas quererão ser lideradas e influenciadas por si?

Poderá aproveitar este encontro para melhorar o desenvolvimento dos seus reportes diretos?

A sua estratégia de gestão de conflitos permitiu melhorar o relacionamento com os seus reportes diretos?

Os recursos limitados ou a respetiva redução exigem que os gestores e os reportes diretos façam mais com menos, gerindo múltiplos projetos, o que também poderá contribuir para a discordância. Também os relacionamentos laborais e pessoais se encontram sujeitos a pressões, uma vez que a crescente mobilidade dos trabalhadores de todos os níveis organizacionais dificulta o estabelecimento de relacionamentos de solidariedade entre os grupos. Outra importante fonte de conflito reside nas discordâncias que os seus reportes diretos poderão ter entre si. Ao mediar tais disputas, o seu comportamento poderá gerar

O triplo M

O desenvolvimento de competências para gerir com êxito os conflitos com reportes diretos exige experiência e reflexão. Também exige uma consciencialização para os temas que estão normalmente em causa antes, durante e após lidar com um conflito. Ao desenvolver a sua própria estratégia para resolver com êxito tais conflitos, poderá ser útil possuir um esboço desses temas. Para o ajudar a recordar-se, pense no triplo M.

Motivação. Encarregue-se de procurar uma resolução para os conflitos que bloqueiam a eficácia dos relacionamentos, prejudicam a eficiência, geram desacordos, afastam dos objetivos da organização e ameaçam os resultados.

Mindfulness. Desenvolva uma consciência do seu papel nas situações de conflito. Aperceba-se de que o que diz e faz tem um impacto positivo ou negativo nos outros. Tente compreender como os outros o encaram.

Maturidade. Preste atenção ao quadro geral e pense de forma estratégica. Aprenda a distinguir o que pode mudar do que tem de aceitar. A maturidade exige reconhecer o que não pode permitir que aconteça e o que pode aceitar, se fizer parte do percurso para alcançar uma solução.

ele próprio conflitos, tendo um impacto significativo na produtividade dos seus reportes diretos.

Na tentativa de se tornar um gestor mais bem-sucedido e

um gestor mais eficaz, poucas competências são mais importantes do que a resolução de conflitos com os seus reportes diretos. Uma gestão bem-sucedida de tais conflitos exige estratégia, a compreensão de múltiplas perspetivas, a definição de objetivos claros, a obtenção de resultados e o desenvolvimento do potencial. Todas estas tarefas fazem parte da construção de relacionamentos eficazes, uma das mais importantes tarefas de um líder. Reserve tempo para este trabalho no seu calendário diário. Acrescente-o à sua agenda e atribua-lhe uma prioridade elevada. Ao empenhar-se nesta tarefa terá sucesso como líder, os seus reportes diretos serão bem-sucedidos no seu próprio desenvolvimento de competências e a sua organização será bem-sucedida no cumprimento dos seus objetivos.

Sugestões de leitura

Carlson, R. (1998). *Don't sweat the small stuff at work: Simple ways to minimize stress and conflict while bringing out the best in yourself and others.* Nova Iorque: Hyperion.

Dalton, M., Ernst, C., Deal, J., & Leslie, J. (2002). *Success for the new global manager: How to work across distances, countries, and cultures.* São Francisco: Jossey-Bass.

Dauten, D. A. (1999). *The gifted boss: How to find, create, and keep great employees.* Nova Iorque: Morrow.

Fisher, R., Ury, W., & Patton, B. (1992). *Getting to yes: Negotiating agreement without giving in* (2ª ed.). Nova Iorque: Penguin.

Fletcher, J. L. (1993). *Patterns of high performance: Discovering the ways people work best.* São Francisco: Berrett-Koehler.

Katherine, A. (1993). *Boundaries: Where you end and I begin.* Nova Iorque: Simon & Schuster.

Kottler, J. (1994). *Beyond blame: A new way of resolving conflicts in relationships.* São Francisco: Jossey-Bass.

Mayer, B. S. (2000). *The dynamics of conflict resolution: A practitioner's guide.* São Francisco: Jossey-Bass.

Sharpe, D., & Johnson, E. (2002). *Managing conflict with your boss.* Greensboro, NC: Center for Creative Leadership.

Stone, D., Patton, B., & Heen, S. (2000). *Difficult conversations: How to discuss what matters most.* Nova Iorque: Viking.

Contexto

Há mais de trinta anos que o Center for Creative Leadership leva a cabo programas educativos com base na sua investigação, e em 1983 começou a explorar os problemas a nível executivo na carreira dos executivos europeus e norte-americanos. Os resultados destas pesquisas têm sido utilizados em programas de formação, instrumentos de avaliação e numerosas iniciativas de recursos humanos em diversas organizações. Tais resultados foram também utilizados nos esforços de conceção do Formador do CCL durante a criação das Foundations of Leadership (FOL) (Bases da Liderança), um programa de três dias de atividades que ensina as bases de uma liderança eficaz.

Os participantes no FOL forneceram um vasto conjunto de lições relativas aos conflitos que enfrentam diariamente a nível profissional. Tais experiências provêm de um vasto conjunto de líderes que trabalham num contexto de incerteza, num ambiente em constante mutação. Têm oportunidade de pensar no seu papel em situações de conflito, especialmente no que diz respeito a reportes diretos. Muitos gestores que estão em funções há pouco tempo (e muitos mais antigos) negligenciam o desenvolvimento de relacionamentos, que é crucial para uma liderança eficaz. Em vez disso, focam-se nos pontos fortes que os levaram ao cargo que ocupam — a capacidade de alcançar resultados e de liderar. Para se tornarem bem-sucedidos e assim permanecerem, os gestores têm de aprender a alcançar resultados através dos outros. Algum desse trabalho envolve a gestão dos conflitos que ocorrem durante a delegação de tarefas nos reportes diretos. A estratégia do CCL ensina os gestores a examinarem e aprenderem com a sua experiência, de modo a poderem reconhecer e resolver as fontes emocionais e racionais de comportamentos para gerirem os conflitos de forma bem-sucedida.

Resumo dos pontos-chave

Os conflitos são inevitáveis quando as pessoas trabalham juntas, pois têm diferentes pontos de vista, valores e formas de trabalhar. A resolução de conflitos pode ser extremamente difícil devido a tais diferenças. Contudo, este é um desafio que os líderes bem-sucedidos aprendem a enfrentar.

As alterações demográficas, uma força de trabalho multicultural, turnos turbulentos na economia global, novas formas de relacionamento entre as organizações e os seus colaboradores e outras influências podem condicionar os tipos de conflitos que existem nas organizações e consequentemente determinam as estratégias a seguir para a sua gestão. A liderança nessas épocas de turbulência exige que os gestores aceitem múltiplas perspetivas e estejam dispostos a reformular os seus pontos de vista. Essa competência de aceitar diversas posições é crucial para o desenvolvimento de uma estratégia que o ajude a gerir os conflitos com os seus reportes diretos.

Os conflitos entre os gestores e os reportes diretos colocam em destaque duas áreas específicas. Por um lado, colocam em jogo uma relação de poder que ainda existe, mesmo nesta era de organizações mais planas e de *empowering* dos colaboradores. Por outro lado, afetam o próprio trabalho — as tarefas cuja responsabilidade é partilhada entre os gestores e os seus reportes diretos. Em cada uma destas áreas os gestores podem avaliar as diferenças entre si próprios e os seus reportes diretos, para descobrirem como essas diferenças afetam os conflitos.

Após essa avaliação, os gestores podem conceber um plano a seguir antes, durante e após uma sessão de resolução de conflitos. Esse plano poderá incluir, entre outras coisas, a consciencialização para os *triggers* emocionais, a clarificação das expetativas de desempenho e lidar com as diferenças. O foco nos comportamentos e na abertura a novas soluções permitem progredir na resolução dos conflitos entre os gestores e os seus reportes diretos.

Edições relacionadas

GESTÃO DE CONFLITOS COM PARES

Normalmente é possível resolver os conflitos com pares resultantes de objetivos incompatíveis ou de diferentes visões sobre a forma de execução das tarefas. Mas os conflitos com pares que envolvam valores pessoais, o poder e política do escritório e reações emocionais são muito mais difíceis de resolver. Estes conflitos aparentemente insolúveis exigem uma atenção cuidada se os gestores pretenderem fomentar relacionamentos eficazes que promovam a sua capacidade de atingir os objetivos da organização.

GESTÃO DE CONFLITOS COM A CHEFIA DIRETA

Os gestores de sucesso procuram, criam e mantêm relacionamentos eficazes com os outros. Os gestores que falham ou que de alguma forma se desviam ao longo das suas carreiras são, muitas vezes, ineficazes a gerir as relações interpessoais. Um problema comum relacionado com os relacionamentos são os conflitos por resolver com a chefia direta ou a demonstração de comportamentos pouco profissionais resultantes de discordâncias com a direção.

Adquira o nosso **PACOTE DE GUIAS SOBRE CONFLITOS** e receba as três edições: **Gestão de conflitos com pares**, **Gestão de conflitos com reportes diretos** e **Gestão de conflitos com a chefia direta** com poupanças significativas.

Informações sobre encomendas

PARA OBTER MAIS INFORMAÇÕES, ENCOMENDAR MAIS GUIAS "PASSAR DAS IDEIAS À PRÁTICA" OU SABER MAIS SOBRE DESCONTOS EM ENCOMENDAS DE GRANDES QUANTIDADES, CONTACTE-NOS ATRAVÉS DO NÚMERO 336-545-2810 OU ACEDA À NOSSA LIVRARIA ONLINE EM WWW.CCL.ORG/ GUIDEBOOKS.

www.ingramcontent.com/pod-product-compliance
Lightning Source LLC
Chambersburg PA
CBHW042119190326
41519CB00030B/7552